JN410830

나

나

초판 1쇄 인쇄 | 2021년 07월 24일
지은이 | 한명희
펴낸이 | 이재욱(필명:이승훈)
펴낸곳 | 해드림출판사
주 소 | 서울 영등포구 경인로82길 3-4(문래동1가 39)
센터플러스빌딩 1004호(07371)
전 화 | 02-2612-5552
팩 스 | 02-2688-5568
E-mail | jlee5059@hanmail.net

등록번호 제2013-000076
등록일자 2008년 9월 29일

ISBN 979-11-5634-466-7

한명희 시집

몸과 마음
그때그때 수시로 변하고 있다
어느 시점의 내가
나의 참 모습일까
시간이 흐르면 또 변할 터인데…

해드림출판사

작가의 변명

낯설게 다가오는 시(詩)

망구(望九)의 나이를 넘기고 나니 글 쓰는 것이 예전처럼 재미도 없고 힘이 듭니다. 이제 문학에 대한 꿈도 내려놓을 때가 된 것 같습니다. 그래서 글벗들에게 문학에 대한 꿈을 정리하는 뜻으로 '수필집'이나 '시집'을 한 권 더 내어볼까 생각 중이라고 넌지시 의중을 떠보았더니, 어떤 친구는 그동안 발표하였던 수필 중에서 마음에 드는 글을 골라 수필선집을 내라하고, 어떤 친구는 수필집은 몇 권 냈지만, 시집은 한 권 밖에 안 냈으니 시집을 한 번 더 내라고 권합니다.

그동안 나는 형식에 구애받지 않고 내 생각대로 수필을 써오고 있습니다. 그리고 여섯 권의 수필집을 내면서 한 번도 '한명희의 작품세계'라는 이름으로 해설이나 평

(評)도 싣지 않았습니다. 그런데 '배꼽'이라는 첫 시집을 내면서는 남의 땅을 밟는 것처럼 조심스러워 '한명희의 작품세계'라는 해설을 실어 보호막을 치기도 했습니다. 그리고 엉뚱하게 시집 말미에 '시인의 꿈을 접으며'라는 글을 써서 수필가가 시집을 내게 된 경위를 구구하게 밝히기도 했습니다.

그 글에서 "나는 '수필가'다, '시인'이다, 나 스스로 밝히지는 아니할 것이다. 내가 쓴 수필이나 시를 읽고, 읽은 사람이 부르는 대로 수필가도 되고 시인도 될 생각이다."라고 변명 아닌 변명을 했습니다. 하여간에 나에게는 아직까지도 시는 수필과 다르게 낯설게 다가오고 있습니다.

수필선집을 낼까, 시집을 낼까 망설이다가 한 권뿐인 시집의 외로움도 덜고, 시에 대한 나의 낯설음도 달래볼까 하는 생각에서 시집을 한 권 더 내기로 하였습니다. 그래서 그동안 문학지에 발표하였던 시와 시화전 등에 출품했던 시를 모아 제2시집 "나"를 발간하게 되었습니다. 미망에 사로잡혀 누울 자리도 살펴보지 않고, 허욕을 부리는 주책없는 사람의 변명을 측은지심으로 소납(笑納)하여 주시기 바랍니다.

앞으로도 시가 쓰고 싶을 때는 시를 쓸 생각입니다. 그렇지만 외람되게 시인으로 나서지는 않을 것입니다. 다만 시를 동무처럼 사랑하고 아끼며 살아갈 생각입니다.

저자도 낯설게 느껴지는 시(詩)에 대하여 이해하기 쉽

게 해설과 평(評)을 하여주신 이충재 문학평론가에게 고맙다는 말씀을 전합니다. 아울러 아름다운 장정으로 멋진 시집을 펴내주신 해드림출판사 이승훈 사장께도 감사의 말씀을 드립니다.

고맙습니다. 사랑합니다. 늘 행복하시기 바랍니다.

2021년 여름 백봉 산자락에서

笑嵒 韓明熙

목차

1

삶과 세월

2

삶의 양태

3

삶과 영혼

4

삶과 여행

①

삶과 세월

해질녘 지평선 따라가며

소리 없이 사라지는 저녁놀

손 흔들며 돌아서는 발길에

눈물이 방울방울 맺는다

잘 가라, 다시 만나자

세월1 외 편

세월 1

시간이 오고 가는 걸까
사람이 오고 가는 걸까

사람 나이 따라
시간이 흘러가는 것인가

시간 흐름 따라
사람이 늙어가는 것인가

누가 그 답을 말해줄까
하느님은 알고 계실까.

세월 2

꼬끼오, 꼬끼오 메아리 따라
세상 문 여는 아침놀
두 팔 벌려 맞이하자
함께 하도록 운명 지어진 오늘
내일은 언제나 내일에 머물 뿐이다

해질녘 지평선 따라가며
소리 없이 사라지는 저녁놀
손 흔들며 돌아서는 발길에
눈물이 방울방울 맺는다
잘 가라, 다시 만나자

칠흑 같은 장막 서서히 내리고
강물은 어둠 따라 쉼 없이 흐르는데
신작로 한가운데 서성이는 장승
오는 세월 마중하고
가는 세월 배웅한다.

세월이 얼어 버렸네

백두대간 눈보라
태백산 주목(朱木) 얼음 꽃 피우고
살을 에는 듯한 눈보라
마음 마음마다 빙하로 남는다

지역 갈등
세대 갈등
남북(南北) 갈등
남남(南南) 갈등

혼란스럽구나, 어지럽구나!

하늘도 꽁꽁
땅도 꽁꽁
사람도 꽁꽁

어허! 세월이 얼어버렸네
삼라만상이 고요하구나
막(幕)이 내려온다, 마지막 막이!

하루는 길고 일 년은 짧고

하루는 길고
일 년은 짧고
일생은 찰나와 같다
시간은 느낌으로 오고 가기 때문이다

적막이 흐르는 무더운 여름날 오후
지친 해가 타박타박 하루해를 넘는다
하루가 길기는 길구나

꽃이 피는가 싶더니 열매가 영글고
금세 눈이 내린다
일 년이 짧기는 짧구나

걸음마를 떼는가 싶더니
눈 깜짝할 사이 고희(古稀)를 넘는다
한 살이가 찰나와 다를 것이 없구나.

일희일비하지 마라

인간만사 새옹지마(塞翁之馬)
복(福)이 화(禍)가 되고 화가 복이 된다
일희일비(一喜一悲)하지 마라

성공과 실패
이 또한 지나가리라
일희일비하지 마라

돌고 도는 물레방아 인생
사랑도 돈도 행복도 세월 따라 돌고 돈다
일희일비하지 마라

꽃샘추위가 아무리 매서워도
봄은 오고 아름다운 꽃은 피어난다
일희일비하지 마라

코로나-19 광풍(狂風)
이 또한 잠잠해지리라
일희일비하지 마라

봄 마중

졸졸졸 시냇물 사이로
피어나는 한 줄기 햇살
버들강아지 피리 불고
노랑나비 흰나비 날개 짓 사이로
너울대는 아지랑이
하얀 목련꽃 가마 꾸미어
봄 마중을 갑니다

수종사 처마 끝
뎅그렁뎅그렁 풍경소리
산자락에 울려 퍼지고
팔당호반에 피어나는 구름안개
계곡 계곡 타고 올라
산봉우리 하나하나 흩어 놓고

봄은
가벼운 걸음으로 다가옵니다.

화석이 되어 가는 내 얼굴

거울을 들여 다 보니
낯선 얼굴이 보이는데 생소하다
우글쭈글 굳어진 내 얼굴이다
웃으면 복이 온다는데 …

자랄 때는 싱겁게 잘 웃었는데
나이 들어 여기저기 아파오니
웃음은 사라지고
마음은 논둑의 허수아비처럼 쓸쓸하다

늘 웃음 띤 얼굴로 살다보니
가까운 글벗이 웃는 바위 같다고
소암(笑嵒)이라 아호까지 지어주었는데 …

싱겁게 실실 잘 웃다 보니
생각 못 한 봉변을 당하기도 했다

1994년 말 국정감사 때
모 국회의원과 눈이 마주쳐
미소를 띠고 눈인사를 했다
웬 청천 하늘에 날벼락인가
내가 자기를 보고 비웃었다고
공식 사과를 하라고 한다
고개 숙여 공손히 사과를 했다

망구(望九)의 나이를 넘기고 나니
웃음은 저절로 사라지고
얼굴은 화석이 되어가고 있다
빙긋이 웃음 짓는 내 얼굴
보고 싶고 그립다.

화무십일홍(花無十日紅)

경칩(驚蟄)과 춘분(春分) 사이
바람은 차고 햇살은 따스하다
경칩 절기 여섯째 날
양지쪽 목련 나무 갈색 갑옷 열고
연초록 꽃봉오리 살포시 고개 내민다
꽃망울 터지고 일주일
새하얀 꽃 활짝 피어나니 눈이 부시다

춘분 절기 여섯째 날
주먹만 한 하얀 꽃들이
장관을 이루고 발길을 유혹한다
참으로 화사하고 아름답다

이게 웬일인가
꽃이 한창 피어나고 있는데

먼저 핀 꽃에서는 하나둘 꽃잎이 떨어져
땅바닥을 뒹굴고 있다
찬바람 속에서 인고의 세월을 이겨내고
연초록 꽃봉오리로 일주일
화려하고 아름다운 꽃으로 일주일
겨우 보름 동안 피었다 허망하게 지고 있다

목련 꽃잎 하나둘 떨어지기 시작한 날
서울에 처음 벚꽃이 피었다
벚꽃은 얼마간 아름다움을 뽐내다 떠나갈까

화무십일홍이라 했던가
겨우 일주일의 향연을 즐기고자
길고 긴 인고의 겨울잠을 잔 것인가.

봄의 전령사

꽃샘잎샘에 눈발 서니
눈이 내린다, 눈보라가 친다
백봉(柏峰) 숲 하얗게 물들고
희뿌연 운무 하늘을 덮는다

슬픔 머금은 봄 눈
한 폭 수묵화 그려내고
산바람 골바람 꽃망울 시샘하니
겨울인가, 봄인가

눈발 사이사이 맴돌며
춘정을 나누던 햇살과 달그림자
서리꽃 상고대로 피어나더니
하얀 눈물 녹아내린다.

산수유 개나리 생강나무 노란 꽃
봄의 전령사
너울너울 아지랑이 춤사위 타고
새 생명으로 함초롬히 솟아오른다.

봄이 오고 여름이 가면

햇빛 따라 하늘 문 열리고
얼었던 나뭇가지 물이 오르면
꿈과 희망으로 새봄을 맞는다

까치 소리 깍~깍 새 소식 전하고
봉오리 봉오리 알록달록 수놓으면
아른아른 아지랑이 하늘하늘 피어난다

봄이 오고 여름이 가면
봉우리 봉우리 구절초 하얀 꽃 열리고
허수아비 손짓 발짓 가을을 노래한다.

봄의 서정(抒情)

흰 구름 두둥실 실바람 따라
하늘길 수놓는 강강술래
소금쟁이 맴을 돌듯 이어지고
강남 갔던 제비
파란 하늘 추녀 밑에 집을 짓는다

꽃망울 터지는 소리에 남실바람 불어오면
겨울옷 벗는 키 큰 나목
끝없이 이어진 사래 긴 밭
영글어가는 청보리 꿈
하얀 나비 너울너울 춤을 춘다

아지랑이 너울너울 춤을 추면
봄바람 산들산들
종달새 하늘 높이 날고
지지배배 지지배배
그림 그리듯 자맥질한다

바닷가 넓은 모래톱 하얀 포말 일어나면
아지랑이 너울 따라 봄바람 달려오고
파도 소리 철썩 철~썩
조약돌 다듬는 소리
어기야디야 어기야디야 뱃노래 이어진다.

보리풋바심

옛날이야기가 아니다
겨우 반세기 전 일이다
그때는 누구나 배곯아가며 살았다
태산준령보다 높다는
보릿고개를 해마다 넘어야 했다

물 한 바가지로 배고픔 달래며
나물 뜯어 죽 쑤고
소나무 껍질 벗겨 송기떡 만들며
보리누름을 기다렸다

보리누름 다가오기 전
풋보리 베어다가
홀태로 훑거나 방망이로 부수어
겉보리 거두고

가마솥에 넣고 바짝 말려
절구질하고 키질하여
거둬들인 한 움큼 보리쌀
밥 짓고 죽 쑤고 개떡도 빚는다

가난하게 산 것 자랑은 아니지만
잊지는 말아야 한다
나를 찾는 지팡이로 삼아야 한다

풋바심으로 힘겹게 넘은 보릿고개
되돌아보니 아득하구나.

비가 내려야 무지개가 뜬다

재앙을 이끌고 연이어 다가오는 태풍

8호 태풍 '바비' 고통을 더하고
9호 태풍 '마이삭' 불난 집에 부채질하고
10호 태풍 '하이선' 한줄기 햇빛마저 가리는구나

파란 하늘 하얀 뭉게구름 어디에 숨었을까

무더위와 장마가 떠난다는 처서(處暑)
심술쟁이 '바비'와 '마이삭' 포악질 하고
선선한 가을바람 이슬 맺는 백로(白露)
'하이선'의 분탕질로 강산은 폐허가 되어 가는구나

조용히 왔다 조용히 갔으면 좋으련만 …
풍요의 가을 문턱에 어인 난리인가

명개로 폐허가 된 땅 부시어내니
칠색 찬란한 무지개 뜨고
하얀 구름 덩실덩실 춤을 추는구나

어찌하겠는가, 비가 내려야 무지개가 뜨는 것을.

등나무 그늘에서

5월의 등나무
주렁주렁 매달린 자줏빛 고운 꽃
햇빛보기가 그리도 부끄러운가
땅 바라기 살포시 미소를 머금는구나

벌은 꿀 찾아 날아들고
아이들은 꽃향기 동무하여
까르르까르르 웃어 댄다

8월의 등나무
세상은 햇볕 따라 불타는데
등나무 그늘 아래
시원한 바람 살랑살랑 불어대고
매암매암 울어대는 매미 소리
주렁주렁 매달린 긴 꼬투리
가을 색으로 영글어 간다

햇볕 쏟아지는 따가운 운동장
시간은 멈추어 서고 정적만 감돈다
그때
퐁당퐁당 돌을 던져라
누나 몰래 돌을 던져라
멀리서 풍금 소리 들려온다

등나무 아래 쉼터
웃음꽃이 피어난다
즐거움이 피어난다.

가을 이야기

하늘 너머 그리운 내 고향
꼭 한 번 가보고 싶다
가을이야기 동무삼아
쉬엄쉬엄 발걸음 떼어 놓는다

버스럭버스럭 뒹구는 낙엽
연초록 고운 꿈 담아
알록달록 단풍잎 우표 붙여
파란 하늘에 가을이야기 띄운다

여물어 툭~ 툭~ 떨어지는 아람
덱데굴덱데굴 굴러가는 알밤
바구니 바구니 가득가득 담아
가을 이야기 실타래를 푼다.

가을 영가(詠歌)

울긋불긋 가을 산 불타오르고
흰 구름 대오를 지어 분열 사열 병정놀이 하고
산 그림자 너울너울 춤추는 웅덩이
단풍잎 하나 소금쟁이 따라 맴을 돈다

벼 이삭 고개 숙이고
메아리로 남은 탈곡기 소리
풍요를 구가하고
새떼와 씨름하던 허수아비 희망을 노래한다

흥겨운 가을 영가
덩실덩실 어깨춤 추고
송골매 힘차게 비상하니
아름다운 꿈 한 폭 풍경화로 남는다.

가을 동화

종 종 종 노랑 병아리
물 한 모금 찍어 마시고
가을 하늘 쳐다보며
동무하자고 졸졸 따라나선다

깊고 깊은 파란 하늘
그리움 좇아 은하(銀河)를 건너고
두둥실 하얀 구름
사랑 찾아 발길을 재촉한다

뒷짐진 늙은 허수아비
채마밭 두둑에 서서
불타는 저녁놀 바라보며
아름다운 이별을 꿈꾼다.

가을이 깊어간다

가물가물 이어지는 수평선
그 너머
바다가 푸르고 푸르다
하늘은 파랗고 파랗다

하늘과 바다가 달리기를 한다
바람 부는 대로
뭉게뭉게 피어나는 하얀 구름이 이길까
철썩 철~썩 울어대는 파도가 이길까

검푸른 파도 불러 타고
용궁을 찾아 나설까
두둥실 흰 구름 불러 타고
천국을 찾아 나설까

이제
다시
가을이 깊어간다.

가을 소묘(素描)

노오란 은행잎
바람 따라 흩날리고
따사로운 햇살 사이
실바람 솔솔 분다.
벌써
가을이 가려나보다

새하얀 국화꽃
남실바람에 이슬 머금고
청화 백자 가을빛
뭉게뭉게 피어나는 구름 따라
벌써
열한 고개를 넘고 있다

벌거벗은 단풍나무
빛바랜 빨간 잎 새 하나
동무하여 떠나자고 하니
아직은 빛깔이 곱고 아름답다고
몇 날만 더 기다리라고 한다
세월은 이미 가을 문턱을 넘어서고 있는데.

단풍나무 숲

창 너머 단풍잎 하나
가을 끝자락에 대롱대롱 매달려
잘 가라고 손을 흔든다
외로운 모습 슬프도록 정겹구나

울긋불긋 피어나는 단풍나무 숲
마음 한가득 꽃피우고
덩실덩실 춤을 춘다
그 모습 그대로 간직하고 싶구나

빨간 단풍 노란 단풍 시샘하며
안개 속에 자맥질을 한다
빨강 뒤에 노랑, 노랑 뒤에 빨강
멋지고 아름답구나

능선 위 안개 걷히고
둥근 해 벙긋벙긋 웃어대니
알록달록 새 세상 열린다
한 폭의 그림 같구나, 동화 같구나.

가을이 떠나려 하네

백봉(柏峰) 산기슭
찬바람에 울긋불긋 물들고
곧게 뻗은 평내대로(坪內大路)
황갈색 단풍으로 이어지면
가을이 빗장을 푼다

가을이 절정이다
기럭기럭 기러기 날아들고
소쩍소쩍 소쩍새 날아가면
가을이 깊어간다
이별을 노래한다

샛노란 은행잎 하나
하얀 뭉게구름 불러 타고
파란 하늘 훨훨 날아오르면
마지막 잎 새 하나
슬픈 그리움으로 남는다

가을이 정말 떠나려 하네
그리움 외로움 알록달록 엮어서
만경창파에 작은 조각배를 띄우자
외로운 등대에 붉을 밝히자
망구(望九)의 불쌍한 나그네를 위하여.

새옹지마(塞翁之馬)

열두 살 때 일어난 6·25 전쟁
집은 폭격으로 불타 없어지고
가난은 운명처럼 따라다녀
학교도 제대로 다니지 못하였다

어머니는 어린 8남매를 두고
44세 젊은 나이에 하늘나라로 가셨고
아버지는 재혼 삼혼을 하시니
가정평화는 흔들릴 수밖에 …

6월에 중학교에 입학하여
왕복 24Km를 걸어 학교를 다녔다
대학은 근로학생 장학금으로 다니고
육군 상병 때 졸업학사고시를 보고
군복을 입고 졸업을 하였다

허허벌판을 외롭게 걸어가는 장승
누군가에게 인정받고 싶어
참을성을 키우고 겸양의 태도를 배웠다

새옹지마라 했던가?
화가 복이 되고 복이 화가 되는 일을
어찌 알 수 있을까
젊었을 때 화(禍)가 복(福)이 되어 돌아왔다

아득한 길 돌고 돌아
하늘나라 입구에 서서 보니
내 한살이가 꿈보다 빠르게 지나가는구나.

겨울바다

쏴아 ~ 쏴아 ~
모래톱을 사정없이 내려친다
망망대해(茫茫大海)
아득한 수평선 저 너머
철 썩, 철 ~ 썩, 처 ~ 얼 ~ 썩
그리움에 지쳐서
외로움에 떨면서
겨울바다가 소리 내어 운다

철 지난 대천해수욕장
희뿌옇게 흐린 하늘
그림자 하나 따라나선다
차가운 옷깃을 여민다
정적만 흐르는 모래톱
인연의 무거운 짐 벗어놓고
추억의 그림자도 지우고
주소가 지워진 편지 하나 띄운다.

겨울 소묘(素描)

겨울 강(江)이 춥다고 야단이다
얼음으로 홑이불 짓고
숫눈으로 겹이불 지어
따듯하게 덮어 재우니
하늘과 땅 조용히 잠들고
하얀 적정(寂靜) 자욱이 피어오른다

보드득 보드득 소리 두려워
조심소심 발자국 떼어 놓는다
갈 곳도 갈 길도 정하지 않고서
바람 부는 대로 하염없이 흘러간다
저 언덕 너머 어딘가에 피어있는
아름다운 서리꽃, 얼음꽃을 찾아서.

②

삶의 양태

전부의 권리를 찾아온 귀한 생명

자유! 자유!

사람다운 삶을 위하여

촛불을 높이 들어 올리자

신명 나게 굿판을 벌여보자.

그리움

어젯밤에도 보았지요
달무리 맴을 도는 하얀 그늘 속에서

오늘 아침에도 보이네요
보리밭이랑 아지랑이 너울 속에서

그리움이에요
아련한 사랑의 그림자

떠나지 마세요
바람 따라 물결 따라

바라만 볼게요
먼발치에서 잔잔한 미소로,

사랑 이야기

사랑하다가
깜빡
잠이 들었나 봅니다

입술을 쭉 내밀었습니다
달콤한 타액이 촉촉이 전해옵니다
눈 뜨기가 겁이 납니다

맑고 밝은 달빛
온몸을 감싸 안아
하늘로 하늘로 떠오릅니다

요철(凹凸)이 하나가 됩니다
사랑 이야기
아직도 꿈속을 헤매고 있습니다.

모정(母情) 1

청맹과니 새아기
눈물 머금고 갓난 아가 어르다
방긋방긋 방실대니
행복의 날개 살포시 펴내요

하염없이 흘러내리는 눈물
방울방울 이어져 행복의 강을 이루네요

청맹과니 새아기
미소 머금고 갓난 아가 어르다
옹알옹알 옹알이한다고
눈 마주하며 희망 노래하네요

아가 보고 싶은 간절한 소망
한 올 한 올 모정(母情)으로 수(繡)를 놓네요.

모정(母情) 2

달이네 별이네 해도
해만이야 하겠나

인정이네 연정이네 해도
모정만이야 하겠나

삶의 근원이 되는 해
크다고 한들
은하계를 넘겠는가

은하계가
크고 넓다한들
지극한 모정만 하겠는가

효도와 우애
힘써 행하더라도
어머니의 내리사랑만 하겠는가.

치사랑

내가 줄기라면
부모는 뿌리
자식은 꽃과 열매

뿌리
내리사랑에 목숨 걸고
꽃과 열매
치사랑으로 기쁨과 희열을 얻는다

내리사랑
자애는 물 흐르듯 자연스레 이루어지는데
치사랑
효도는 하라 고 하라고 해도 마이동풍

부모 살아계실 때 효도하라
부모는 기다려주지 않는다

풍수지탄(風樹之嘆)!
후회하고 후회해도 슬픔만 남는다

어머니 봉양 위해
자식을 땅에 묻으려 했던 손순의 효
아버지 눈을 뜨게 하기 위해
공양미 삼 백석에 팔려간 심청의 효
넓적다리 살을 베어 병 구환 한
향득 사지(向得舍知)의 효
효도가 아니다
정신만 귀감으로 삼아야 한다

부모님의 크신 사랑
봉양하고 추모하는 것이
인륜(人倫)이고 천륜(天倫)이다.

오래오래

눈 좀 맞춰줄래요
다정한 눈빛
오래오래 담아두게요

살포시 웃어줄래요
아름다운 미소
오래오래 나누고 싶네요

한 번만 안아 줄래요
따스한 체온
오래오래 가슴앓이하게요.

추억의 그림자

바람 부는 버스 정류장
반백의 노신사(老紳士)
그리움의 눈길로
사람을 기다린다
사랑을 기다린다
어디쯤 오고 있을까
고개 마루에 버스가 보인다
추억의 그림자가 달려온다

어둠 내리는 버스 정류장
이슬비 촉촉이 내리는데
두 손 포개 잡은 실루엣
하나가 되고 둘이 되기도 한다
소곤소곤 옛날이야기 들려온다
사랑했어요
행복했어요
추억의 그림자 슬픈 미소로 남는다.

인연의 강

타박타박 길 가다 보면
그리운 사람 미운 사람
하늘 찌를 듯 솟아오른 산봉우리
호수 아래 잠든 하얀 보름달
인연의 강에서 하나가 된다

둥글 게 둥글게 이어지는 지평선
가물가물 흘러가는 바다 하늘 길
정(情) 따라 세월 따라 인연의 강 건너면
저녁노을 붉게 타오르고
아침 해 희망으로 솟아오른다

정처 없이 흘러가는 돛단배
물결 따라 춤추는 달그림자
수묵화로 피어나는 안개구름
인연의 강물따라하염없이 흘러간다

돌팔매

새 아침이 싱그럽다
사립문 앞을 종종대던 소년
채마밭 나서는 엄마 향해
돌팔매질을 한다
배고파, 밥 줘!

저녁노을이 아름답다
산 너머 지는 해를 배웅하던 노인
북으로 날아가는 기러기 떼를 향해
돌팔매질을 한다
잘 가 거라, 세월아!

밤바람이 차고 사납다
어둠을 지키고 서 있던 장승 하나
통금을 알리는 인경 소리에
돌팔매질을 한다
잘 가거라, 나도 간다!

새벽달 그림자

동녘 하늘
붉은 태양이 번쩍번쩍 솟아오른다
온 누리 희망으로 넘쳐난다

서산마루
빛바랜 달그림자
타박타박 힘겹게 고개를 넘는다

해와 달
함께할 수 없는 얄궂은 운명
새벽달이 애처롭다

아름다움 뽐내며
세상을 노래하던 하얀 둥근달
손 흔들어 이별을 고 한다

희미한 새벽달 그림자
부끄러워하지 마라
슬퍼하지 마라

어둠이 다시 내리면
계수나무 토끼 한 마리
쿵더쿵쿵더쿵 다시 만나

알콩달콩 아름다운 노래 부르며
찬란한 빛으로
어둠을 밝히리라, 세상을 밝히리라!

뻐꾸기의 탁란

보리가 누렇게 익어가는 망종 무렵
희미한 달그림자 따라 어둠 내리면
어디선가
뻐꾸기가 뻐~궁 뻐~궁 애잔하게 울어 댄다
무슨 한(恨)이 서려 저리도 슬피 울까

여름 철새 뻐꾸기
둥지 틀 줄 모른다
알도 남의 둥지에 낳는다
다른 새가 부화(孵化)시켜 놓으면
자기 새끼 데리고 간다
얄미운 새라고 손가락질한다

조물주는 뻐꾸기에게
왜, 부화하는 능력을 주지 않았을까
자기 알을 탁란(托卵)하여 놓고
멀리서 바라보아야만 하는 처지가
안타깝고 부끄러워
저리도 애잔하게 우는 걸까

천형(天刑)을 안고 살아가는 뻐꾸기
손가락질 기두자
슬픔을 딛고 긴 여운으로 다가오는
뻐꾹 뻐꾹, 뻐꿍 뻐꿍, 쑥꾹 쑥꾹
뻐꾸기시계 경쾌하게 새벽을 연다
땡! 땡! 땡!

염통에 털 난 놈

쓸개 빠진 놈
간덩이 부은 놈
허파에 바람 든 놈
염통에 털 난 놈
온갖 잡놈 다 모여
정치 병동(病棟)이 시끌시끌하다
그중 염통에 털 난 놈이
유난히 번잡스럽다

삭풍으로 아지랑이 얼어붙게 하고
촛불로 양심을 뱅뱅이 치더니
업보(業報)를 치르느라
난데없이 염통에 털이 났구나

까만 털 하얀 털 서로 멱살을 잡고
수염발이 수염발을 휘어 감고
싸움질이 한창이다
세상이 정말로 시끄럽고 시끄럽다

면도날 날카롭게 세워
싹싹 밀어내고 싶다
하지만 털 밀자고
사람 잡을 수는 없는 일 아닌가

얽히고 설 키어 있는 수염발
하나하나 빗질하고
차근차근 매듭 풀어
더불어 살아갈 수밖에

염통에 털 난 놈아
체면도 없이 아주 뻔뻔하구나
참으로 불쌍하고 가엽구나
엉엉 소리 내어 울기라도 하여라.

눈물로 타오르는 촛불

효자동, 중국대사관 앞 공터
탈북자 북송 즉각 중단하라!
탈북자 살려 달라!
창백한 얼굴에 퀭한 눈동자
촛불 하나 둘 모여 온다

촛불 하나
도롱뇽만도 못한 것이 사람의 목숨인가
촛불 둘
삶은 무엇이고 사람다운 것은 무엇인가
촛불 셋
자유는 무엇이고 인권은 무엇인가

눈물로 타오르는 촛불
함성으로 메아리치고
양심의 나팔소리 퍼져나간다
둥 둥 둥!
승리의 북소리 울려 퍼진다

천부의 권리를 찾아온 귀한 생명
자유! 자유!
사람다운 삶을 위하여
촛불을 높이 들어 올리자
신명나게 굿판을 벌여보자.

결국 하나가 되네요

눈으로만 보는 줄 알았더니
지팡이로 두들겨 보고
더듬이로 더듬어 보고
마음으로도 보네요

코로만 숨을 쉬는 줄 알았더니
입으로 숨을 쉬고
살갗으로 숨을 쉬고
사랑으로도 숨을 쉬네요

입으로만 말을 하는 줄 알았더니
눈빛으로 말을 하고
손짓으로 말을 하고
따스한 손길로도 말을 하네요

귀로만 듣는 줄 알았더니
눈으로 듣고
육감(肉感)으로 듣고
정(情)으로도 듣네요

눈 · 코 · 입 · 귀
때로는 하나로 때로는 넷으로
따로따로 놀아도
얽히고설기어 결국 하나가 되네요.

세상은 요지경

바다가 넓고 푸르다
하늘처럼 바람처럼
파도 끝 붙잡고
수평선 너머로 마을을 간다

바다 아래 하늘이 보인다
흰 구름 두둥실 떠 있고
사람들 분주하게 오고 간다
거꾸로 세상 참 멋지다

하늘에 바다 수(繡) 놓고
바다에 하늘 수(繡) 놓으니
하늘 위에 바다
바다 아래 하늘이다

구름 따라 하염없이 흘러가는
바다 아래 넓은 하늘
물결 따라 쉼 없이 춤을 추는
하늘 위 넓은 바다

세상은 요지경이다.

게발선인장

게 발 닮아 게발선인장
마디마디 줄기 따라
찬바람 몰아치는 한 겨울 피어난다
청초하고 아름답다
붉고 화려하다
꽃말이 불타는 사랑이다

베란다 한구석에 숨어 지내다가
크리스마스 다가오면
나 여기 있소!
소리치고 나온다
불타는 사랑 노래
별빛보다 맑고 진주보다 영롱하다

영(靈) 육(肉)을 갉아먹는 코로나-19
백신으로 일상을 되찾고
게발선인장 빨간 꽃말처럼
불타는 사랑 노래하자
촛불처럼 타 오르자
홍학의 날갯짓 따라 비상을 꿈꾸어보자.

미세먼지 경보

봄 가뭄에 모래바람 일더니
희뿌연 미세먼지 세상을 덮는다
도깨비의 심술인가
종말의 전조증상인가
하나님의 회초리인가

미세먼지 경보 발령!
동풍아 불어라, 맞바람아 몰아쳐라
눈보라라도 휘몰아쳐라
파란 하늘 맑은 공기
지켜내자, 지켜내자!

백두에서 한라까지
방방곡곡 방(榜) 돌려
황사, 미세먼지 모두 모두 불러 모아
은하수 맑은 물로 닦아내어
맑은 하늘 파란 꿈 그려내자.

눈동자 값은

세상에서 가장 맑고 맑은
깊이를 가늠할 수 없는
작고 깊은 눈동자
세상 문을 열고 닫지요

기쁨으로 아침을 맞이하고
사랑으로 만남을 꿈꾸고
욕심으로 세상을 더럽히고
슬픔으로 세상의 빗장을 걸기도 하지요

삼라만상 우주를 담아내고
희로애락 삶을 이야기하며
세상사 이어가는 작은 눈동자
인류 역사를 열기도 하고 닫기도 하지요

별빛보다 아름다운 눈동자
보석보다 빛나는 눈동자
몸값이 천량이라면
눈동자 값은 얼마나 될까.

소나무 분재(盆栽)

부끄러운 속살을 다 드러낸 뿌리
용틀임하듯 휘어 감아 오른 줄기
앙증스럽게 돋아난 솔 잎
널리 널리 퍼지는 솔향기

철사 줄로 꽁꽁
뒤틀고 억누르고 다듬기 수 십 년
천형(天刑)의 아픔 간직한 채
두 뼘 남짓 자란 어릿광대 난쟁이

어제도 오늘도
한 올 한 올 실타래 풀어
소나무 핏줄 따라
한 올 한 올 수(繡) 놓는다

공기를 맑게 하고
마음을 아름답게 다듬고
영혼으로 만나는
나의 반려(伴侶) 소나무 분재!

풍경 소리

풍경 소리 따라 절로 들어선다
처마에 대롱대롱 달려있는 작은 종
바람 따라 멋대로 울어 댄다
그 소리 오묘하고 신비스럽다
마음의 얼룩을 하얗게 씻어낸다

바람 따라 달라지는 풍경소리
살랑살랑 산들바람 불면
풍경도 살랑살랑 울어대고
쌩~ 쌩 된바람 불면
풍경도 땡~땡 요란하게 울어댄다

풍경소리 마음에는 담아낼 수 있는데
글로는 담아낼 수가 없다
뎅뎅~ 뎅그렁뎅그렁~ 땡그랑 딸랑~ 딸랑~
경쇠가 세기가 다른 바람을 만나
그때그때 다른 소리를 내기 때문이다

영혼을 두드리는 풍경소리
꿈결에 잠을 깨운다.

지훈 예술제

일월봉 아래 주실 마을
얇은 사(紗) 하이얀 고깔
한 마리 나비 되어 덩더꿍 덩더꿍
문향(文香)의 짙은 내음
산하에 가득하게 하소서

파르라니 깎은 생애 48년
동방삭(東方朔) 삼천갑자 보다
오래오래 살아 숨 쉬고
지조와 지성의 징소리 되어
잠든 양심을 일깨우게 하소서

선(善)한 삶 속에서
선(禪) 찾아 불문(佛門)에 들고
선(線) 따라 춤사위 그리다
시선(詩仙)으로 떠나간 당신
선향(仙鄕)에 강림하여 흠향하소서.

열심히 살았는데

살아온 날
되돌아보니

열심히 살았는데
정말 열심히 살았는데
아쉬움만 가득 하구나

굽이굽이 이어온 굴곡진 삶
울려 퍼지는 제야의 종소리
믿음 소망 사랑으로
아름답게 피어나라 아름답게 피어나라.

오일장에 가면

오일장은 닷새마다 선다
마석 장, 양평 장, 용문 장, 모란 장, 정선 장 …
마석장과 양평 장은 3과 8로 끝나는 날
정선 장은 2와 7로 끝나는 날, 장이 선다
나이 들고 보니 마땅히 갈 데가 없다
친구와 공짜 전철 타고 5일장 순례를 시작했다

5일장은 서민의 애환이 서린 삶의 현장이다
장터국밥에 막걸리 한잔이면 제격이다
메추라기 구어 놓고 소주 한 잔도 즐겁다

5일장에 가면

풋풋한 인정이 넘쳐나고
사람 냄새 물씬 풍겨난다

단골손님도 있고 단골집도 있다
훙정이 있고 에누리가 있다
정겨운 덤도 있다

뻥이요, 뻥튀기 소리도 있고
철거덕 철거덩 엿장수 가위소리도 있다

할머니가 손수 키운 제철 채소도 있고
식접 채취한 산나물도 있다

추억과 향수가 되살아나고
왁자지껄 웃음꽃도 피어난다.

희망을 노래하자

천둥번개 치고 비바람이 몰려온다
검푸른 파도가 부서진다
닻을 올려라
돛을 달아라
힘차게 노를 저어가자
사랑과 평화가 넘쳐나는 가나안까지

너와 나 그리고 우리
서로서로 추임새 넣고 마중물 되어
사람 위에 사람 없고 사람 아래 사람 없는
사람이 주인 되는 정의로운 세상
새 세상을 꿈꾸어보자
희망을 노래하자.

③

삶과 영혼

어머니의 정감 어린 인자한 미소

아버지의 기분 좋은 너털웃음

사랑의 메아리로 돌아옵니다

아버지! 어머니! 보고 싶습니다

나는 어디에 있는가

영혼을 낚아 보겠다고
낚시를 갔다
욕심 따라 먼바다로 나갔지만
찌는 밤새도록 물결과 숨바꼭질하고

육신이라도 찾아보겠다고
풍덩 바다에 몸을 던졌다
넓은 바다 잠시 물보라 치더니
정적만 맴돈다

산은 구름 따라 너울대고
바다는 바람 따라 춤을 춘다

나는 어디에 있는 가
나는 어디에 있는 가.

나

거울 속에
뚱뚱하고 꾸부정한 노인이 서 있다
세상에서 가장 존귀한 나(我)라고 한다
그 노인이 정말 나일까

몸과 마음
그때그때 수시로 변하는데
어느 시점의 내가
나의 참모습일까
시간이 흐르면 변하고 또 변할 터인데 …

수술로 얼굴을 바꾸고
심장을 바꾸고
골격까지 바꾸어도
그 사람이 나일까

한 사내가 뇌 이식 수술을 받았다
그 사람은 누구일까
뇌를 기증한 사람일까, 받은 사람일까

누가 영혼을 본 일이 있는가
눈에 보이는 육체도 수시로 변하여
나를 찾지 못하는데
형체도 없는 영혼 가운데서
나를 어떻게 찾아낼까

나!
나는 누구인가?
나는 어디에 있는가?
나를 찾아 오늘도 길을 헤매고 있다.

나! 돌아가고 싶다

갈등도 미움도 슬픔도 없다
죄도 사망도 없다
사랑과 평화가 강물처럼 넘쳐난다
하나님의 나라 천국이다

소리 내어 울어 보고 싶다
미워도 해보고 싶다
어제가 오늘이고 오늘이 내일이다
아! 지루하고 따분하다

기쁨과 슬픔이 어우러진 곳
해질녘
사람이 그리운 시간이다
나! 돌아가고 싶다 이승으로.

묻지 마라

방향을 잃고 헤매고 있는
나에게
목적지는 아느냐
어떻게 갈 것이냐
길을 묻지 마라

오늘 일도 모르는
나에게
얼마나 살 것이냐
어디로 갈 것이냐
내일 일을 묻지 마라

내가 누구인지도 모르는
나에게
영혼이 있느냐
천국이 있느냐
하늘나라 일을 묻지 마라.

여덟 매미

호랑이 담배 필 적에
마흔넷 젊은 엄마
올망졸망 어린 팔 남매 두고
뒤돌아보고 뒤돌아보며
하늘나라로 불려 갔다

더듬이가 꺾어진
여섯 살부터 스물여섯까지
올막졸막 여덟 매미
엄마! 엄마! 따갑게 울어 댔지만
돌아오는 것은 대답 없는 메아리

옛날 옛적 슬픈 이야기
가뭄에 하얀 실뿌리 내리고
올몽졸몽 여덟 떡 잎
이슬 모아 목축이고
소망으로 세월의 고개를 넘는다.

희미한 어머니 그림자

슬픔을 안고 떠나신 어머니!
세상에 계셨으면 백수(白壽)네요
55년 전, 마흔넷 젊은 나이에
올망졸망 여덟 남매 뒤로하고
어떻게 눈을 감으셨어요.

천국에 오르신 어머니!
그곳에는 슬픔이 없다지요
여덟 남매 모두 엄마 나이를 훌쩍 넘었어요
희미한 어머니 그림자
마음의 화폭에 그려봅니다

꿈에서라도 한번 뵙고 싶은 어머니!
백발이 성성한 망구의 늙은 아들이
세월의 강을 뛰어넘어
마흔넷 젊은 엄마 품에 안겨
꺼이꺼이 목 놓아 울고 싶습니다.

흔적은 무슨 흔적

물이 흐르면 물길을 남기고
바람이 불면
잎이라도 흔들리는데
나 이 세상 떠나면
무엇이 남을까

흔적은 무슨 흔적
가지고 갈 것
남기고 갈 것
아무것도 없다
재물과 명예는 무엇인가
구름의 흔적을 본 일이 있는가

이름이라도 찾아볼까
같은 이름 헤아릴 수 없이 많네
살던 집이라도 찾아볼까
지번도 주소도 다 바뀌었네.

언제 어디서 만날까

세월이 물 흐르듯 빨리 가네
여든 나이를 넘기고 나니

배꼽 친구들
구름에 달 가듯 하나 둘 떠나가네

엊그제 상신이가 떠나가더니
오늘은 경순이가 따라가네

목적지도 모르면서
가는 길도 모르면서

먼저 가 있어
뒤 따라 갈게

언제 어디서 만날까
벌써 그립고 보고 싶은데 ·…·.

어디로 가세요

신작로가 소란스럽네요
어디로 가세요
세상 구경이나 할까
그냥 길 따라나섰어요

동행은 있으세요
혼자 가는 길인데요
외롭지 않으세요
다들 혼자 간다고 하네요

저기, 명부(冥府)로 가는 길
허수아비 하나, 둘, 셋 …
파란 하늘에 구름 흘러가듯
앞서거니 뒤서거니 무리 지어 가네요

갈잎에 부딪치는 바람소리
여울져 흐르는 물소리
소월(素月)이 만공산(滿空山) 하니
쉬어가라고 발길을 붙잡네요

한길 가득 넘쳐나는 장승
천하대장군! 지하여장군!
가고 또 가고 끝없이 이어지네요
우리도 슬렁슬렁 따라 가볼까요.

암(癌) 병동

탕! 탕! 탕!
선고가 내려지면
왜, 하필 나인가나인가
눈망울에 핏발이 선다

슬픔을 머금은 눈동자
분노, 체념, 절망이 춤판을 벌이고
뻥 뚫린 가슴
정적만 흐른다

의사의 두꺼운 입술
아귀처럼 다가오고
CT 검사, 수술, 항암, 방사선 치료
1개월, 6개월, 1년 …

암 병동에 어둠이 내리면
황천 가는 길목에
신명나게 굿판 벌어지고
안개 자욱이 내려 세상을 휘감는다.

혼비백산(魂飛魄散)

하나의 영혼으로 살았던 혼(魂) 백(魄)이
저승 갈 때 둘로 갈라진단다
어떻게 갈라질까
아픔은 어떠할까
놀라움은 얼마나 클까

조물주의 섭리 따라
혼(魂)은 하늘로 날아가고(飛)
백(魄)은 땅으로 흩어진다(散)
넋은 같은 넋인데
하늘로 올라가는 혼(魂)은 무엇이고
땅으로 돌아가는 백(魄)은 무엇인가

하나의 영혼으로 남을 수는 없는 일인가.

하늘나라

어머니의 정감 어린 인자한 미소
아버지의 기분 좋은 너털웃음
사랑의 메아리로 돌아옵니다
아버지! 어머니! 보고 싶습니다

졸졸졸 맑고 깨끗한 시냇물 소리
아지랑이 너울너울 춤추는 연초록 새잎
형형색색 아름다운 꽃과 나비
평화가 강물처럼 넘쳐나는 하늘나라
그곳에 살고 싶습니다

내 부모님이 살고 계신 하늘나라
이상향 꿈의 나라
이승 떠나 저승 갈 때
물어물어 꼭 찾아가겠습니다.

내 고향 하늘나라

영원한 내 고향
어디에 있는가, 어떤 모습일까
정처 없이 떠도는 삼만 리
가도 가도 보이지 않는 하늘나라

하나님 나라 천국
즐거움과 기쁨이 넘쳐나고
모두모두 행복하다는
돌아갈 내 고향 하늘나라

염라대왕의 나라
손사래 치고 돌아서는 지옥
망나니 도깨비춤 추는 곳
불가마 속에서 어떻게 살아갈까

천국으로 가는 오솔길
지옥으로 가는 신작로
바쁜 걸음 재촉하는 나그네
오솔길로 갈까 신작로로 갈까 ….

잠들기 영 글렀네

마음은 간절한데 몸이 말을 안 들으니
이름 빼 달라던 친구
찾지 말라고 손사래 치며
쓸쓸히 돌아서던 외로운 그림자
메아리 되어 다시 돌아오네

그리운 친구야
우리가 찾아가면 안 될까
이야기 향(香) 피워놓고
막걸리 한 잔 나누며
이별 여행 꿈꾸어보세

그런다고

그리움이 사라지기야 하겠는가

하지만

그 몸부림마저 없다면

어떻게

인연의 강을 건널 수 있겠는가

새벽 두 시

괘종 소리 뗑~뗑~ 요란하네

회자정리(會者定離) 생자필멸(生者必滅)

하나둘 어둠 속으로 사라지네

지금은 어젯밤인가, 오늘 밤인가

잠들기 영 글렀네.

꿈에 그려보는 하늘나라

하얀 구름 너머 어딘가
돌아갈 꿈의 궁전 하늘나라
강(江), 산(山), 바람(風), 광(光) …
사랑, 정(情), 희망, 행복 …
있을 것은 모두 다 있다

사람을 우선 그려 넣어야겠지
문화 문명도 그려 넣고
암수 음양은 어떻게 할까
생(生) 사(死)는 그려 넣어야겠지
천당과 지옥은 어떻게 할까

꿈에 그려보는 하늘나라
갑자기 희뿌연 안개 깔리고
옥판선지(玉板宣紙) 비에 젖어
접어야 하는 상상의 나래.

그냥 그렇게 어울려 살다가

어디서 와서 어디로 가는 가
길이 보이기는 하는 가
따스한 햇볕 차가운 달빛
그냥 그렇게 어울려 살다가
어깨동무하고 떠나가자

바람이 만들어내는 풍경소리
사람이 그려내는 정겨운 소리
찰나이다 영원한 것은 없다
그냥 그렇게 어울려 살다가
물결 따라 바람 따라 떠나가자

길어야 백 년이다
욕심을 내려놓고 미움도 내려놓자
나와 지금이 제일이다
그냥 그렇게 어울려 살다가
둥! 둥! 둥! 북소리 타고 떠나가자.

죽음이 두렵지 않다

‘무기여 잘 있거라’
‘누구를 위하여 종은 울리나’
‘바다와 노인’
작가 어니스트 헤밍웨이
영예의 노벨상 수상자
명예와 부(富)를 함께 누렸다

무엇이 부족하고
무엇이 괴로워
스스로 목숨을 끊었을까

영롱한 아침 이슬
해가 떠오르면 생명을 잃고
아름다운 무지개도 따가운 햇살 퍼지면
신기루처럼 사라지고

영웅호걸도 건강을 잃으면
바람 앞의 촛불과 같다

죽음을 맞는 태도도 각양각색
스스로 죽음을 택하여 떠나기도 하고
두려움과 공포 속에 떠나기도 하고
늙고 병들어 쓸쓸하게 떠나기도 한다

늙어 기력을 잃고 나니
죽음이 두렵지 않다
하지만 스스로 앞당길 생각은 없다
때가 되면 운명으로 받아들이고
이슬 사라지듯 조용히 떠날 것이다.

죽고 싶을 때가 있다

노인네 죽고 싶다는 말
거짓인 줄 알았다
나이 들어 여기저기 아파 오니
죽고 싶을 때가 있다
청천 하늘에 날벼락이라 했던가
급살이라도 맞고 싶다

사랑하는 내 피붙이
힘차게 솟아오르는 찬란한 태양
붉게 타오르는 황홀한 저녁노을
어찌 잊을 수 있을까
어찌 두고 갈까

하지만 어차피 가야 할 길
조금 일찍 떠나면 어떠하고
조금 늦게 떠나면 어떠한가
가벼운 발걸음으로 휘적휘적
떠나가자! 떠~나 가자!

회초리를 거두소서

2019년 중국 우한에서 코로나-19 발생
평범한 일상을 모두 앗아 가고
참으로 많은 인명을 빼앗아 갔다

하나님의 회초리인가

14세기, 흑사병으로 3천여만 명 생명을 잃고
20세기, 스페인독감으로 2천여만 명 생명을 잃었다
21세기, 코로나-19로 삼백삼십만여 명이 희생되었다

2021년 2월 26일
한국도 코로나-19 예방접종을 시작했다
아스트라제네카 백신이다
나도 4월 1일 1차, 4월 22일 2차 예방접종을 하였다
화이자 백신이다
기분이 개운하다

하나님!
지은 죄 묻지 마시고 은총 베푸소서!
회초리를 거두소서!

하나님께 띄우는 편지

여든셋 나이에 들어서니
몸은 이곳저곳 아파 오고
마음은 시간 따라 쉼 없이 흔들리네요
죽음을 준비하라는 신호 같네요
떠날 준비는 대충대충 해 놓았지요

마음을 추스르기 위해 임종체험도 하고
사전연명의료의향서도 등록하고
상조회 부금 붓는 것도 끝내고
고향 뒷산에 납골당도 준비하고
세상 인연도 하나둘 정리하고
어설프지만 신앙생활도 하고 있지요

하지만 내세에 대한 믿음이 부족하여
가끔 죽음이 두려움으로 다가오고
아름다운 인연이 발길을 붙잡네요
얼마간 시간이 필요할 것 같네요

나는 연기처럼 사라지고 없는 새봄
목련은 다시 하얀 꽃을 피우겠지요
정처 없이 흘러가는 저 흰 구름
어디쯤 가다 인연의 끈을 놓을까요

전지전능하신 하나님!
고종명(考終命)의 큰 복을 누리도록
은총 베풀어 주소서!
두 손 모아 기도드립니다.

코로나-19의 습격

2020년 1월 20일, 코로나-19 한국 첫 환자 발생
1년 후
세계 사망자 삼백삼십만여 명
한국 사망자 천팔백여 명
끔찍한 재앙을 누가 상상이나 해 보았는가
두렵고 무섭다

마스크 쓰지 않고 버스 타고
사우나에서 땀 흠뻑 흘리고
친구들과 식사하며 이야기 나누고
경기장에 가 응원하고 싶은데
아무것도 할 수가 없다

생활 방역을 실천하여 코로나-19 차단하고
백신 접종으로 항체 만들어
평범한 일상을 되찾자
체 바퀴 돌 듯 반복되는 하루하루
소망이고 축복이다

기억하라, 코로나-19
참으로 많은 생명을 빼앗아 갔다
아프지만 잊지는 말아야 한다
소 잃고 외양간 고친다고
비난과 조롱을 당하더라도
슬픈 옛이야기 전하여 거울을 삼자.

코로나-19의 광풍

청천 하늘에 웬 날벼락인가
2020년 새해 벽두
코로나 바이러스 광풍(狂風) 일어
미친 듯 세상을 뒤엎는다

지은 죄 없는데
내가 나를 가두고
이웃이 나를 포박하니
죄인 되어
스스로 감옥으로 들어간다

다른 사람 만나지 말고
악수도 하지 말고
포옹은 더더구나 아니 된다

매일매일 발열 체크하고
주기적으로 소독하고

2미터 이상 사회적 거리 두고
마스크 상시 착용하라
마스크가 백신이고 수호신이다

가능하면 방콕하고
네 명 이하만 만나고
아홉 시 전에 집에 들어가고
모임과 여행은 삼가고
노약자는 외출을 삼가 하라

천연두 바이러스 박멸하고
홍역 바이러스 몰아내듯
코로나 바이러스 박멸하여
미친바람 잠재우자
평범한 일상을 되찾자.

천수만 시인 노선관

아름다운 바다는 죽고 없습니다
천수만 언저리에 새 살이 돋는 날
노래를 새로 지어 목청 것 부르리라!

천수만을 노래하시던 시인 노선관
설마 하였는데 인연의 끈 놓으시고
먼저 하늘나라로 떠나셨군요

막걸리 한잔 따라 놓고
지란지교(芝蘭之交)를 꿈꾸던 문정(文情)
시(詩)를 노래하며 선비를 꿈꾸었지요
이제 정(情)도 꿈도 내려놓아야 하겠네요

남겨놓고 가신 발자국
'산비둘기'와 '천수만 이야기'
다시 한 번 가슴에 품고
인연의 끊을 놓을까 합니다

빙그레 미소 지으시던 넉넉한 모습
보고 싶습니다
잔잔한 울림으로 다가오던 정겨운 목소리
듣고 싶습니다

떠나시기 전
꼭 한 번 뵙고 싶었는데
부질없는 꿈이 되었네요
인연이란 것이 이렇게 허망한 것인가요

이제 시인을 잊으렵니다
불현듯 불현듯 다가오는 그리움
전전반측(輾轉反側), 전전긍긍(戰戰兢兢)
아픔과 시간이 많이 필요하겠지요

파란 하늘 뭉게구름 불러 타고
안녕히 가세요, 안녕히 가세요!

4

삶과 여행

그리움으로 남아 있는 꿈의 궁전

한 폭의 수채화로 다가오는 아름다운 경치

사진 몇 장에 담아왔다

신비스러운 풍광의 도시 베네치아

다시 한번 가보고 싶다.

호수에 잠든 내 고향 분원

남북한강이 어우러져 흐르고
경안천이 돌아드는
아름답고 풍요로운 땅
경기 광주 분원!

조선 백자의 영원한 고향
지금도 살아 숨 쉬는 도공의 혼(魂)
백억 원 넘는 백자항아리도 있다

인정 많은 사람들이
행복을 꿈꾸던 사양토(砂壤土) 넓은 들판
고소득 영농의 요람이었다

1973년 팔당댐 준공으로
한(恨)과 연(緣)을 끌어안고
팔당호 아래 잠들어 있다

오고 가는 길손의 쉼터 소내나루
황포돛배 바람 따라 흐르고
멱 감는 벌거숭이 아이들
두꺼비 집 짓고 물수제비 뜬다

팔당호 새벽
시린 적막이 차갑게 감돌고
수초를 맴도는 거룻배 한 척
추억 속 아름다운 수묵화로 피어난다.

보물섬 마라도

물결치는 검푸른 바다
두둥실 떠 있는 보물섬 마라도
대한민국 최남단
태평양으로 나가는 관문이다

거센 파도와 모진 바람이 깎아 세운
현무암 검은 해안 절벽 천연요새
한 폭의 아름다운 그림으로 남는다

한 시간이면 다 돌아볼 수 있는
십만 평도 안 되는 작은 땅
제일 높은 곳이 해발 39미터
해양 한국의 눈동자
자리돔, 옥돔, 방어 …
경찰서, 학교, 교회, 성당, 절, 짜장면 집 …
있을 것은 다 있다

옥에도 티가 있다고 하지 않았는가
숲이 없고 생활용수가 없다
한그루 한 그루 정성으로 숲을 가꾸어
따가운 햇볕 차가운 바닷바람 막아내고
먹는 물까지 해결하면 얼마나 좋을까

해상교통의 길 잡이
하얀 마라도 등대
전 세계 해도에 반짝반짝 빛나는
해양대국 한국의 표상이다

---

* 현재 마라도에서는 담수화 시설을 통하여 생활용수를 해결하고 있다.

꿈결에 다녀온 금강산

한반도 제일의 명산
아름다운 1만 2천 봉(峯)
시인묵객의 영원한 동무 금강산(金剛山)
봄에는 금강산(金剛山)
여름에는 봉래산(蓬來山)
가을에는 풍악산(楓岳山)
겨울에는 개골산(皆骨山)

2005년 1월
꿈결에 금강산을 다녀왔다

벌거숭이 민둥산
다닥다닥 처마를 맞대고 있는 야트막한 집
쓰러질 듯 쓰러질 듯 서있는 전신주
큰 바위마다 새겨놓은 선전구호
'천출 명장 김정일 장군'

아름다운 기암괴석 가득한 만물상(萬物相)
오르는 길목에 쭉쭉 뻗어 오른 아름드리 소나무
세 신선이 돌로 굳어졌다는 삼선암(三仙岩)
귀신의 얼굴을 닮았다는 귀면암(鬼面岩)
도끼로 갈라놓았다는 절부암(切斧岩)
만물상을 한눈에 조망할 수 있는 천선대(天仙臺)

금강산 온천장
욕실 안에서 바라본 하늘은 파랗고 아름답나
욕실 밖에서 바라본 하늘은 온통 뿌연 회색이다
언제쯤 파란 하늘에 흰 구름 두둥실 떠돌까
세존봉 너머로 흰 구름만 무심히 흘러가고 있다.

회색 하늘의 개성

민족의 역사를 오롯이 담아내는
오백 년 고려 수도 개성
인삼과 상업의 도시
한국전쟁으로 북한 땅이 되었다

2008년 4월 17일!

설레는 마음으로 개성 땅을 밟았다
보이는 것은 민둥산과 다락 밭
활기 잃은 시민과 쇠락한 가옥
짙은 회색 구름이 하늘을 덮고 있다

병풍처럼 둘러싼 바위 절벽
힘차게 쏟아지는 박연폭포
사이사이 피어난 빨간 진달래
한 폭 풍경화처럼 아름답다

대흥산성 북문 넘어 천년고찰 관음사

단아한 대웅전
하얀 대리석 관음 보살상
국보문화유물이라고 자랑이 대단하다

정몽주의 얼이 서린 선죽교
이방원의 하여가(何如歌)
정몽주의 단심가(丹心歌)
하늘을 맴돌며 길손의 발길을 잡는다

송악산 아래 고려성균관
대성전은 고려박물관으로, 명륜당은 쉼터로
홍위병에 파괴된 문화재를 보는 듯하다
가슴이 쓰리고 아리다

북한 사람이 어렵게 사는 까닭은
북한 주민이 게으르고 어리석기 때문일까
남한 사람이 부지런하고 똑똑해서일까
경쟁 없는 사회제도 탓일까.

해전사에 빛나는 진포대첩

1380년 금강하구 진포(鎭浦)
살상과 약탈을 일삼는 일본 해적 왜구(倭寇)
오백여 척의 군선을 이끌고 쳐들어왔다
야만적 노략질로 시체가 산과 들을 덮고
땅에 떨어진 쌀이 한자나 되었다고
고려사(高麗史)는 기록하고 있다

이 절박한 순간
최무선 장군의 화포가 불을 뿜었다
왜선은 모두 불타고 왜구는 모두 사살됐다
세계 최초의 함포해전이다
우리 해전사에 길이 빛나는 역사적 승리다

진포대첩 현장 금강하구
따스한 햇살은 푸른 바다에 머물고
하늘에는 흰 구름 두둥실 떠돌고 있다.

신한촌 기념비

보릿고개를 넘기 위하여
민족의 독립을 위하여
찾아간 슬픔의 땅, 블라디보스토크
피와 땀으로 이루어낸 신한촌(新韓村)

일제의 잔혹한 압제
스탈린의 무자비한 강제 이주
한(恨)으로 얼룩진 동토(凍土)
유랑의 슬픈 넋을 위로하기 위해
돌기둥 세 개를 세웠다
남한 사람, 북한 사람, 카레이스키
하나 되어 살기를 기원하면서

참으로 초라하다!
참으로 부끄럽다!

하얀 국화 세 송이 영전에 바치고
돌아서는 발길
눈물이 고인다, 목메어 운다.

계림기행

중국 광서장족자치구의 고도(古都) 계림(桂林)
유유히 흐르는 이강(離江)
크고 작은 3만 6천여 산봉우리와 기암괴석
강 따라 펼쳐지는 아름다운 경치 참으로 신비스럽다

도화원기(桃花源記)에 나오는 이상향
무릉도원을 꿈꾸며 만든 세외도원
복숭아 빨간 꽃 흐드러지게 피어나고
유자나무 하얀 꽃향기 선계(仙界)를 휘 덮는다

홀로 빼어나게 아름답다는 독수봉(獨秀峯) 아래
삼각기둥 돌비석
민족, 민권, 민생의 삼민주의이다
삼민주의는 떠나가고 비석 홀로 역사를 되돌아본다

이십 위안 화폐 도안으로 유명해 진 이강과 산봉우리!
신선보다 계림 사람으로 살기를 원한다는 글이 걸린
첩채산!
신비스러운 종유석과 웅장한 폭포가 어우러진 관음동굴!

계림에서 가장 높고 유일한 흙산 요산(堯山)의 절경
운해(雲海)!

호랑이 천오백 마리, 곰 사백 마리가 살고 있는 웅호
산장
물구나무를 서서 거꾸로 걸어가는 곰
꽹과리를 두들기며 대오를 이루어 행진하는 곰
마차 위에 자는 듯 편안하게 누워있는 큰 호랑이

야경이 찬란한 양강(兩江) 사호(四湖) 유람선
배 위에 올라 노래하는 가녀린 소녀
아리랑, 고향의 봄, 도라지 타령이 구성지다
손뼉을 치며 흥겹게 따라 불렀다
소녀 앞에 천 원짜리 지폐 몇 장 놓이고
표정 없이 그 돈을 바라보는 소녀
그 모습 내 마음에 남아 가슴앓이를 한다.

팔순에 오른 황산

2018년 9월 14일, 팔십회 내 생일날이다
아내와 함께 하늘정원 황산에 올랐다
하늘을 찌를 듯 솟아오른 수천수만의 기암괴석
위아래로 뿌리내린 기이한 소나무
신(神)이 그려낸 한 폭의 아름다운 산수화다

깎아지른 듯한 절벽 위 우뚝 솟은 비래석
일출이 아름다운 해발 1860미터의 제2봉 광명정
계속 이어지는 돌계단
올려다보면 볼수록 까마득하다
땀이 비 오듯 흐른다
힘들게 오르는 노인이 안쓰러웠는지
젊은이 엄지 척하고 지나간다

꿈을 꾼 것 같다
영겁의 세월이 다듬어 낸 기암괴석
크고 작은 소나무 아른아른 떠오른다
아름답고 신비스러운 경관이다.

황산의 짐꾼

등산로가 하나같이 돌계단 이다
무거운 짐을 지고 짐꾼이 쉼 없이 오르내린다
짐꾼은 산 위 숙박 시설로 생필품을 저 올리고
세탁물과 쓰레기 등을 산 아래로 내려온다

계속 이어지는 가파른 돌계단
맨몸으로 오르기도 힘든데
기다란 멜 때 양끝에 무거운 짐을 지고
가볍게 산을 오르내린다

극한 체험 삶의 현장을 보는 것 같다
부러질 듯 부러질 듯 휘어지는 멜 때
보기에 안쓰럽고 경이롭기까지 하다
그 멜 때가 아름다운 황산을 만들고 있다

짐꾼을 너무 안쓰럽게 보지 마라
가족을 위해 짐 나르는 일이
즐겁고 자랑스럽단다
청정 황산을 지켜내는 영웅들이다.

안티고 카페 그레코(Antico Caffe Greco)

로마 스페인광장 골목 안
1760년 문을 연 '안티고 카페 그레코'가 있다
카페에 들어서니
스탠드 앞에 많은 사람이 북적이고
홀 안에는 몇 사람 드문드문 떨어져
책도 보고 담소도 나누고 있다

카페 그레코의 커피 값은 시중보다 비싸다
스탠드 앞에 서서 마시면 1.3유로
홀에서 앉아 마시면 8유로
홀은 조용하고 스탠드 앞은 사람들로 북적인다
사람들의 웃음소리가 정겹다

독일의 대문호 괴테가 즐겨 찾던 카페
'이태리 기행'에 시시콜콜 소개한 카페
유럽의 예술가 지식인이
새로운 사람을 만나 토론을 하고
자기발전을 이루던 사교의 장
바이런, 안데르센, 스탕달, 쇼펜하우어 등
학예의 신, 뮤즈 후예들의 사귐 터
안티고 카페 그레코!

낯선 사람들이 모여
정겨운 마음으로
정다운 이야기로
행복을 나누는 모습이 아름답다.

로렐라이 언덕에 올라

천구백구십 년 시월 삼 일!
동서독이 통일된 날이다
독일 여행 중이었다
통일의 꿈을 이룬 나라
이상하게도 조용하고 차분하다

시월 칠 일
마음에 그리던 로렐라이(Loreley) 언덕에 올랐다
여행 동무들
백삼십이 미터의 바위 언덕이 전부라고
유명무실한 썰렁 관광지라고
오르기를 포기하여
외롭게 전설의 언덕에 올랐다

독일 부흥의 견인차 라인강
힘차게 비상하는 물새
기적을 나르는 화물선
유유히 흘러가는 물 줄기
햇볕이 따사롭고 공기는 상큼하다

전망대에 서서 들뜬 마음 담아
라인강 배경으로 사진 몇 장 찰칵하고
저 멀리 떠도는 흰 구름 따라가니
저녁노을 정겨움 가득하다

교과서에서 노래와 시로 만났던
로렐라이 언덕에 서니
숙제를 마친 기분이다
발걸음 날아갈 듯 상쾌하다.

꿈의 도시 베네치아

꿈꾸듯 바라본 베네치아
웅장한 도시가 물 위에 두둥실 떠 있다
백이십여 개의 섬을 사백여 개의 다리로 연결한 도시
얕은 바다와 개펄을 메우고
수백만 개 말뚝 지반 위에 세운 운하의 도시
한번은 반드시 가보아야 할 꿈의 도시
신비스러운 풍광이 아른아른 떠오른다

세상에서 가장 아름다운 응접실 산마르코 광장
마르코 성인을 기려 세운 산마르코 대성당
바닷길 안내하고 외적을 감시하던 99미터의 종루
죄수들이 자유를 그리며 건넜다는 탄식의 다리
삼백여 년을 이어온 가장 오래된 플로리안 카페
볼거리가 많다
지금도 눈에 선하다

대운하에 네 대의 곤돌라를 일렬횡대로 세우고
리알토 다리에서 산타루치아 방향으로
아코디언 반주에 맞추어
'돌아오라 소렌토로'와 '산타 루치아'를 합창하며
손뼉을 치고 나가니 흥이 절로 난다
다른 관광객들은 사진 찍기에 바쁘다

그리움으로 남아 있는 꿈의 궁전
한 폭의 수채화로 다가오는 아름다운 경치
사진 몇 장에 담아왔다
신비스러운 풍광의 도시 베네치아
다시 한번 가보고 싶다.

자랑스러운 우리나라

타이베이(臺北)에서 기차를 타고
명승지 타이루꺼(太魯閣)를 다녀왔다
기차에 앉아 출입문을 바라보니
삼각형이 겹쳐진 현대중공업 마크가 보인다
가까이 가보니 KOREA가 선명하다
다른 나라에서 우리 기차를 타고 여행을 하다니
기분이 하늘을 나는 듯 좋다

러시아에서 태평양으로 나가는 얼지 않는 항구
블라디보스토크
우리 조상들이 눈물로 한을 달래던 슬픔의 땅
항만 청사 중앙에 태극기 펄럭이고
벽면에 설치된 에어컨 실외기 모두 LG 상표이다
공사장에는 두산 굴착기가 바삐 움직이고 있다
시내버스도 한국산이다

'기사 구함' 광고도 지우지 않은 버스도 있다
라면, 초코파이 인기도 대단하다

미국 그랜드캐니언 국립공원 가는 길
라플린 캐납 프레르노 샌프란시스코 호텔
모두 한국산 텔레비전이다
LG 상표가 선명하다
미국 호텔에 한국산 텔레비전이라니
어깨가 으쓱해진다
라스베이거스 다운타운 프리몬트 거리
황홀한 복합 멀티미디어 쇼
한국 LG의 후원과 기술력으로 이루어지고 있다

뻗어나가는 한국 국력
참으로 자랑스럽다
날아갈 듯 기분이 상쾌하다.

해설과 평

존재론적 무의식의 강변에서 만난 시혼의 의미와 가치

- 한명희 시인의 시집 『나』에 붙여

이충재(시인, 문학평론가)

해설과 평

존재론적 무의식의 강변에서 만난 시혼의 의미와 가치

1. 선생님을 뵈오며

눈에 보이지 않는 존재성 코로나 19 바이러스로 인해서 세상이 요동치고 있는 상황이다. 이 상황 앞에서 인간의 존재와 인간이 이루어놓은 인공적 문명의 산물이란 빌딩 숲 사이로 난 골목길을 거닐면서 인간의 존재적 의미를 물어가는 한명희 선생님의 작품들을 받아들고 읽었다. 누가 그 길을 걸어보았을 것이며, 그 숱한 삶의 편린들을 경험해 볼 수 있었겠는가? 이는 그 지점 막다른 길목에 다다른 사람만이 알 수 있는 것이다. 그래서 그 뒤를 잇는 많은 사람들은 그분들에게 신세를 톡톡히 질 수밖에 없는 것이다. 그러나 불행하게도 이 시대는 인륜으로서의 질서가 무너지고 말았다. 다소 남아있다고 해도 걷을 수 없을 만큼 심각하게 훼손된 상태이며 또한 중심을 잃고 몹시 흔들리는 지경에 이르고 말았다. 어른으로서 또는 멘토를 만나는 것조차 여간 힘에 겨운 것이 아니다. 선생으로서의 조언자를 만나고 그를 따르는 지극히 인간적인 관계망에 구멍이 숭숭 난 그런 시대를 생각하면 몹시 고달프고 마음이 아프다.

이 거칠고 공허한 시대에 멘토다운 멘토, 어른다운 어른, 선생다운 선생님을 만나게 되어 반갑고 행복한 것이 사실이다. 거기다가 그분의 일생이 녹아있는 시 작품을 감상할 기회를 얻은 것 또한 감사하지 않을 수 없다.

시는 다른 장르와 같지 않아서 시를 쓰게 된 처음과 나중이란 경로를 통해서 시를 쓴 이의 생애와 인생관이 고스란히 투영되어 나온다는 장점을 부디 예로 들지 않더라도, 시를 대하다 보면 시인의 영혼과 정신의 결과물을 모두 경험하게 되는 것이다.

정호승 시인의 시 〈방문객〉과 같이 그 한 사람의 방문객은 단순 만남이 아닌 그의 일생 전부와 더불어 오는 큰 손님으로서의 인연을 경험하게 되는 것이다. 이와 같이 한명희 선생님의 시작품을 감상하게 됨으로 인해서 그분의 일생과 철학과 사상을 가늠해 볼 수 있기에 더욱이 호기심이 작동하는 것이다.

행복하게도 필자는 여러 해전부터 정기적으로 한명희 선생님(시인, 수필가)과의 만남을 갖고 있으며, 그 자리에서 어른으로서, 교육자로서 그리고 작가로서의 살아온 이력을 통해서 소중한 교훈을 누려오고 있다. 아마도 이 시집은 그 만남에서 못다 나눈 주제들의 총체적 결산물이라고 해도 과언이 아니다.

한명희 선생님은 교육자 중 교육자이셨으며, 어른 중 어른이란 것을 만남을 통해서 경험해 본 사람들은 알게 될 것이다. 그렇지 못한 사람들은 이번 시집을 통해서 그의 존재론적 사유의 깊이와 흔적 그 진위를 발견하기에 충분하다.

칼 구스타프 융은 〈영혼을 찾는 현대인〉을 말하면서 다음과 같이 고백하고 있다. 현대인이라는 이름에 걸맞게 사는 사람은 거의 없다. 왜냐하면, 그렇게 살려하면 사람이 고도로 의식적이어야 하기 때문이다. 다시 말하면 정말로, 사람은 세상의 끝자락에 닿을 때야 완벽한 현대인이 될 수 있다. 말하자면 이미 버려지거나 지나쳐

온 모든 것을 과감히 뒤로 밀어버리고 미래의 모든 것이 비롯될 허공 앞에 서 있다는 점을 스스로 인정할 때에 비로소 현대인이 될 수 있다는 뜻이다.

좀 더 깊이 이 의미를 새겨 보면 다음과 같다. 옛날에는 정신의 표현이 관심을 전혀 끌지 못했다. 어느 누구도 정신의 표현에 주목하지 않았다. 사람들은 정신에 유의하지 않고도 잘 살아갈 수 있었다. 그러나 오늘날엔 정신의 작동에 관심을 쏟지 않고서는 더 이상 살아갈 수 없게 되었다.

이율배반적인 현상이 21세기 오늘날 우리 인간을 괴롭혀 오는 현실을 부인할 수 없다. 그 정신의 가치가 심각하게 훼손되었다는 말이다. 그래서 우리는 더욱더 멘토를 알고, 그 멘토들과의 관계성을 면밀히게 이이가야 할 필요충분 요소를 지니고 살아가고 있는 것이다. 그 잠언이 한명희 선생님의 시와 그간 발간한 수필들을 통해서 충분히 누릴 수 있게 되었음에 감사를 드린다.

이 시집은 한명희 선생님의 두 번째 시집이란 점에서 수필집에서와 여러 모임 속에서 미처 발견하지 못한 지극히 인간적이고 어른으로서의 참된 모습을 이번 시집에서 발견하고 그 은총을 충분히 누릴 수 있으리라 기대를 모아 본다.

오래전 둥지 철학을 개척한 철학자 박이문 교수의 고백이 뇌리에 삼삼하다. 아마도 박이문 교수의 고백이 한명희 선생님의 시인됨과 밀접한 연관성이 있다고 생각한다.

“나는 그동안의 시작과 철학적 저서들을 습작으로만 믿고, 날마다 세상을 매료할 만한 철학적 시와 세계를 바꿀만한 시적 철학 체계를 머릿속에서 창작했다가 구겨버리고, 구사했다가 나는 나 자신에 물어보곤 한다. 나는 도대체 누구인가? 나는 어디서 와서 무엇을 찾아 어디로 가고 있었던가?”

이 물음이 바로 한명희 선생님이 이번 시집 『나』에서 독자들과 자신 스스로 말 걸기를 하는 시도인 셈이다.

박이문 교수는 노년을 시인으로 살고 싶었다고 뒤늦게 고백하신 것을 기억한다. 아마도 한명희 선생님도 같은 마음이시리라. 그래서 은근슬쩍 시집으로써 삶을 결산하자며 제안을 드린 것도 바로 그 이유에서이다. 그 시의 숲에 들어서 한명희 선생님의 삶이 이루어낸 영혼의 범위 안에서 만난 들풀과 나무와 꽃과 시원한 바람과

돌과 흐르는 계곡물과 이마에 묻어난 땀방울의 여운과 사람을 느끼고 만나보기로 하자.

2. 시의 숲 풍경을 경험하며

거울을 들여 다 보니
낯선 얼굴이 보이는데 생소하다
우글쭈글 굳어진 내 얼굴이다
웃으면 복이 온다는데 …

자랄 때는 싱겁게 잘 웃었는데
나이 들어 여기저기 아파오니
웃음은 사라지고
마음은 논둑의 허수아비처럼 쓸쓸하다

늘 웃음 띤 얼굴로 살다 보니
가까운 글벗이 웃는 바위 같다고
소암(笑嵒)이라 아호까지 지어주었는데 …

망구(望九)의 나이를 넘기고 나니
웃음은 저절로 사라지고
얼굴은 화석이 되어가고 있다
빙긋이 웃음 짓는 내 얼굴
보고 싶고 그립다.

-〈화석이 되어 가는 내 얼굴〉 1, 2, 3, 5연

오래전 만났던 중국의 문호 지셴린의 고백이 떠 오른다. "나는 그 길을 가는 것이 두렵지 않다. 먼 길을 걷다 드디어 잠시 멈춰 설 수 있는 곳이므로, 그리고 내가 원하든 원하지 않든 그 길로 갈 수밖에 없다. 그나마 위안이 되는 것은 여느 노인과 달리 어린 여자아이처럼 무덤 이외에 백합과 장미꽃을 보았다는 점이다"(수필 〈여든을 술회하다〉의 일부)

한명희 선생님의 위의 시를 보면 삶의 망루 그 꼭짓점에서 백합과 장미꽃이 아닌 인간 자신의 본질을 발견한 것이다. 누구나 할 것 같으면서도 사실 놓치고 지나쳐 버리는 것을 시인은 깊이 관조하기도 하고 관상을 주

도면밀하게 진단하고 있는 것이다. 왜? 앞으로 남은 생애의 가치와 의미 있는 삶의 지대로 나아가는 용기와 에너지로서의 그 힘을 알고 계시기 때문이다. 많은 사람이 어른 흉내를 내거나 어른 노릇을 하려고 애쓰는 것이 아름다워 보이지 않을 때가 있다. 그런데 한명희 선생님은 조용히 삶의 역사 속의 자신을 되돌아보며 관계성과 신 앞에서와 가족들과 친구들과 많은 제자 앞에서의 삶을 반추하고 있는 진실된 모습을 보여 주시고 계신다. 그래서 시는 시인의 삶의 민낯을 드러내 진실되고도 순수한 모습 그대로를 선명하게 내보이는 투명한 거울과도 일맥상통하는 것이다.

하늘 너머 그리운 내 고향
꼭 한번 가보고 싶다
가을 이야기 동무삼아
쉬엄쉬엄 발걸음 떼어 놓는다

버스럭버스럭 뒹구는 낙엽
연초록 고운 꿈 담아

알록달록 단풍잎 우표 붙여
파란 하늘에 가을 이야기 띄운다

여물어 툭~ 툭~ 떨어지는 아람
데데굴데데굴 굴러가는 알밤
바구니 바구니 가득가득 담아
가을 이야기 실타래를 푼다.

-〈가을 이야기〉 전문

어느 누구인들 자신이 느껴 본 '정'과 '사랑'과 '그리움'이 물씬 배어있는 고향을 잊을 수 있겠는가? 그럼에도 불구하고 오늘날의 많은 젊은이에게는 고향의 의미를 찾을 수가 없다. 이 또한 문명의 이데올로기가 빚어낸 불행한 요소란 점으로 볼 때 우리는 인간의 진실된 '격(格)'이나 '상(象)'을 잃고 살아가는 불온한 시대에 그 늪지대 중심을 아주 조심스럽게 그리고 힘겹게 지나고 있는 것이다.

분명하건대 한명희 선생님의 고향은 기약 없는 이승

에서의 그 어느 지점을 떠나서 영원히 존재하게 될 내세적 이미지와 연계하여 본다면 우리는 누구나 예외 없이 천상병 시인의 시에서의 고백처럼 잠시 소풍 왔다가 돌아갈 천국을 연상할 수 있다. 이것이 망구에 이른 노 시인의 소망이란 점에서 우리는 오늘을 어떻게 살아내야 할지에 대한 단서를 재발견케 하는 비밀통로로서의 위의 시를 대하면 의미가 깊다. 위의 시는 또 다른 시 〈가을이 깊어간다〉와 〈그리움〉과 맥을 같이 하여 감상하다 보면 그 의미가 색다르지 않음을 기억할 수가 있다.

살아온 날
되돌아보니

열심히 살았는데
정말 열심히 살았는데
아쉬움만 가득 하구나

굽이굽이 이어온 굴곡진 삶
울려 퍼지는 제야의 종소리

믿음 소망 사랑으로

아름답게 피어나라 아름답게 피어나라.

-〈열심히 살았는데〉 전문

단순해 보이는 고백의 시 같은데, 결코, 단순하지가 않고 깊이가 느껴지는 것은 왜일까? 그것은 한명희 선생님의 연륜이 깊기 때문이다. 일전에 임상체험 동영상과 함께 낭송된 시(〈그리움〉)를 보면서, 남다른 애잔함이 스며 그 영상을 필자 개인 블로그에 보관 중이다. 누구나 말을 한다고 해서 그 말, 그 노래, 그 아포리즘이 빛을 보이는 것은 아니다. 충분히 삶을 관조하면서 살아낸 사람 그것도 가치 중심이 되는 생애를 살아온 진정성이 있는 사람의 고백만이 읽고 듣는 이의 가슴을 치는 공감력으로 승화되는 것이다. 위의 시가 바로 이에 해당하는 것이다. 누구나 열심히 살았다고 할 수 있겠으나, 무엇을 위해서 누구를 위해서 그리고 자신이 스스로 감사할 줄 아는 열심이어야 한다는 것이다. 필자나 주변 인물들이 보기로는 한명희 선생님은 충분히 그럴만한 삶을 살아오셨다는 데서 위의 시가 결코, 단순하지 않은 의미와 가치를 담은 소박한 질그릇 보화이며 충분한 교훈이 담긴 보고(寶庫)로서 읽혀지는 것이다.

거울 속에
뚱뚱하고 꾸부정한 노인이 서 있다
세상에서 가장 존귀한 나(我)라고 한다
그 노인이 정말 나 일까

몸과 마음
그때그때 수시로 변하는데
어느 시점의 내가
나의 참모습 일까
시간이 흐르면 변하고 또 변할 터인데 …

수술로 얼굴을 바꾸고
심장을 바꾸고
골격까지 바꾸어도
그 사람이 나 일까

한 사내가 뇌 이식 수술을 받았다
그 사람은 누구일까
뇌를 기증한 사람일까, 받은 사람일까

누가 영혼을 본 일이 있는가
눈에 보이는 육체도 수시로 변하여
나를 찾지 못하는데
형체도 없는 영혼 가운데서
나를 어떻게 찾아낼까

나!
나는 누구인가?
나는 어디에 있는가?
나를 찾아 오늘도 길을 헤매고 있다.

-〈나〉 전문

대한민국은 성형 대국이라고들 한다. 기뻐해야 할까? 말까? 한때 강남에서는 성형시술을 위해서 곳곳에 호텔을 신축하는 등 이상한 건축 붐이 일었던 적이 있다. 그만큼 대한민국은 성형 대국으로서의 웃지 못할 위상이 높은 나라로 알려져 있다. 그만큼 이 시대 사람들은 자신의 겉모습을 쉬 뜯어고치는 행위에 죄의식을 느끼지 않고 떳떳하게들 살아내고 있다. 한명희 선생님은 이와 같은 풍조를 빗대어 자기 겉모습의 변형을 불편해하고 있으신 것이다. 그뿐만 아니라 성취 주의, 성공 추구 주의자들로서의 자아 성장을 꾀하느라 인성과 성향마저 변형시켜 버린 행태를 무의식, 의식적으로 요구하는 시대에 자신은 누구인가? 묻고 있으며, 또한 독자들에 질문을 던지고 있는 것이다. 그렇다면 나는 나에게, 우리는 서로에게 어떤 의미이며 또 누구인가? 이 물음에 자신 있게 대답할 수 있는 사람이리면 그는 진정 사림이요, 정체성을 잃지 않은 만물의 영장이라 할 수 있을 것이다.

망구에 이르러서 이 같은 질문을 던지는 것은 늦게나마 자아를 발견하여 의미 있게 살아가겠다는 의지의 표현일 듯싶다. 동시에 인생 후배에게 부디 자신의 정체성을 잃어버리지 말고 회복시켜 나답게 시대를 거슬러 살아달라는 당부의 메시지이기도 하다. 이러한 메시지로서의 당부가 위의 시에 깊게 내재해 있기에 읽는 이로 하여금 옷매무시를 다잡아 매게 하는 것이다.

이러한 의미 깊은 잠언이 담긴 작품들이 유독 제3부 「삶과 영혼」에 많다. 다른 시 〈나는 어디에 있는가〉, 〈나! 돌아가고 싶다〉, 〈묻지 마라〉, 〈흔적은 무슨 흔적〉, 〈어디로 가세요〉, 〈언제 어디서 만날까〉, 〈잠들기 영 글렀네〉 등의 시가 그 예다.

여든셋 나이에 들어서니
몸은 이곳저곳 아파오고
마음은 시간 따라 쉼 없이 흔들리네요
죽음을 준비하라는 신호 같네요
떠날 준비는 대충대충 해 놓았지요

마음을 추스르기 위해 임종체험도 하고
사전연명의료의향서도 등록하고
상조회 부금 붓는 것도 끝내고
고향 뒷산에 납골당도 준비하고
세상 인연도 하나둘 정리하고

어설프지만 신앙생활도 하고 있지요

하지만 내세에 대한 믿음이 부족하여
가끔 죽음이 두려움으로 다가오고
아름다운 인연이 발길을 붙잡네요
얼마간 시간이 필요할 것 같네요

나는 연기처럼 사라지고 없는 새봄
목련은 다시 하얀 꽃을 피우겠지요
정처 없이 흘러가는 저 흰 구름
어디쯤 가다 인연의 끈을 놓을까요

-〈하나님께 띄우는 편지〉 1~4연

필자는 한명희 선생님의 생애의 끝자락에서 부르는 인생 송가를 들라면 단연코 위의 시를 들겠다. 지식인으로서 교육계에 일생을 헌신해 오신 선생님으로서 그리스도인의 신분을 얻어 살아가시는 것이 그렇게 만만치 않은 일인데도 어쨌든 그리스도인으로서의 일생을 당

당히 살아오고 계신다. 그 삶의 종착역에서 부르는 송가로서의 위의 시가 다가오는 것은 평소 선생님의 사상과 풋풋한 신앙고백을 간헐적으로 들은 바에 의존하기 때문이다.

어떻게 보면 위의 시 전문이 보편적인 사람들의 고백이자 애원과 별반 다른 것이 없는 것처럼 들린다. 그러나 매 문장의 종지부에 찍힌 방점은 그렇게 가볍지 않은, 목적을 잃은 혹은 가 닿아야 할 본향이란 영원한 주거지를 상실한 이들과는 분명히 다르다는 것은 알 수 있다. 그 확신, 그 소망, 그 간절함이 기도되어 편지 형식의 시로 탄생했다는 것은 한명희 선생님의 신앙의 절정 그 중심의 신관이 명확하게 드러나 있음을 볼 수 있다. 앞으로는 신앙 운운하지만, 정작 그들의 삶에서는 예수 그리스도를 잘 모르고 행하거나 그분의 향기를 드러내 보이지 못하는 처신들을 누누이 목격당하는 때에 한명희 선생님의 이 같은 진솔한 하나님 전상서에 준한 신앙시는 우리로 하여금 부끄럽게 만들기도 한다. 나쁜 그리스도인, 유사 그리스도인이 아닌 진정한 그리스도인으로서의 삶이 시급한 때에 우리는 하나님께 어떠한 유형의 전상서를 띄워 드릴 수 있을까?

3. 시의 숲을 돌아 나와 세상을 보며

서너 날 즐거운 마음으로 한명희 선생님의 작품 84편에 푹 빠져 살았다. 참으로 행복한 숲을 유영하다가 돌아와 문학 일기를 쓰듯 편안한 마음으로 평설을 쓸 수 있었다. 한 분의 일생이 담긴 작품을 감상할 수 있다는 것은 그 누구, 그 무엇보다도 큰 행복이며 큰 행운이 아닐 수 없다. 이것만으로도 감사한 일인데, 선생님의 시집과 함께 진정성 깊은 독자들의 품으로 다가설 수 있다는 것은 참으로 기쁜 행위가 아닐 수 없다.

한명희 선생님의 시를 감상하다가 몇몇 문호들이 생전 문학을 개념화시키거나 독자들에게 편지 쓰듯 남긴 조언이 생각이 났다. 그 대략들이 한명희 선생님의 문학관과 일맥상통(합집합)하는 부분들이 있어서 연관 지어 보고자 한다.

지셴린은 〈사람과 자연〉이란 수필에서 관계성을 말하기를 세상을 살면서 반드시 잘 처리해야 하는 세 가지 관계가 있다고 했다. 첫째는 사람과 자연의 관계이고(〈봄의 서정〉, 〈비가 내려야 무지개가 뜬다〉, 〈단풍나무 숲〉, 〈겨울 소묘〉, 〈소나무 분재〉 등), 둘째는 가족관계를 포함한 사람과 사람의 관계이며(〈보리 풋바심〉, 〈모정 1, 2〉, 〈치사랑〉, 〈희미한 어머니 그림자〉, 〈호수에 잠든 내 고향 분원〉 등)이고, 셋째는 마음속에 있는 이성과 감정의 대립과 균형 사이의 관계다(세월 1, 2〉, 〈하루는 길고 일 년은 짧고〉, 〈등나무 그늘 아래서〉, 〈새옹지마〉, 〈미세먼지 경보〉, 〈희망을 노래하자〉, 〈언제 어디서 만날까〉, 〈자랑스러운 우리나라〉 등)이다. 이 세 가지를 잘 처리한다면 유쾌한 인생을 살 수 있지만, 그렇지 못하면 삶이 너무도 고달파진다. 사람은 본디 자연의 일부다.

일본을 대표하는 시인인 다니카와 슌타로는 『시를 쓴다는 것』에서 고백하듯이 '일상생활과 시'라는 것은 분명하게 연결되어 있다. 직접, 사실적으로 표현하거나 그렇지 않다면, 현실의 생활에 반드시 뿌리내려야 한다는 의식이 매우 강하다. 그러니까 생활이 바뀌면 시도 바뀐다고 생각한다. 이처럼 한명희 선생님의 시와 수필 문장이 빚어내는 철학이나 사상이 바로 일상에 깊게 뿌리내리고 창작된 작품 세계란 점에서 충분히 독자들의 사랑과 관계성을 잇기에 족하다.

보르헤스는 말하기를 "우리는 시를 향해 나아가고, 삶을 향해 나아간다. 그리고 삶이란, 확신하건대 시로 만들어져 있다. 시는 낯설지 않으며, 앞으로 우리가 보겠지만 구석에 숨어 있다. 시는 어느 순간에 우리에게 튀어나올 것이다. 역시 한명희 선생님의 시 세계가 이와 흡사한 창작 배경을 낳고 있다는 점에서 주변의 문인들이나 제자들이 그 무의식, 의식의 시 사랑을 배워야 함이 맞다고 생각한다.

김규동 시인도 그의 에세이 『나는 시인이다』에서 고백하듯이 사랑. 죽음. 생명은 영원한 시의 주제가 된다. 한마디로 삶을 떠난 시는 존재할 수 없다는 것이다. 혹 있다 하더라도 형태는 시겠지만 생명이 없고 죽은 시에 지나지 않는다. 결론적으로 살아있는 시는 무엇이냐? 펄펄 끓는 감정이 담긴 시라고 봐야 할 것이다. 그런 시를 만들어내는 게 시인의 존재 이유이고 살아있는 목적인 거다.

이상에서 보듯이 한명희 선생님의 두 번째 시집 『나』는 그 어느 독자가 만나더라도 편안한 위로가 되기에 필요충분조건을 모두 갖추고 있다고 확신한다. 요즘 출간

된 시집을 보면 지나치게 수사적이고 기법에 치중한 나머지 독자들의 마음을 사지 못한 채, 독자들로 하여금 등을 돌리게 하는 주범이 되고 말았다. 이 책임을 누구에게 돌릴 것인가? 제도도 아니요, 독자도 아니요 더욱이 천민자본에 익숙한 사회도 아니요, 바로 순수성과 진정성과 직접, 간접적 자기 경험의 부재를 안고 글 장난, 문단 권력을 행사하는 이들의 책임인 것이다. 그런 입장에서 보면 한명희 선생님의 시 세계는 본인의 고백("나에게는 아직도 시는 수필과 다르게 낯설게 다가오고 있습니다")은 박수와 존경의 인사말을 받기에 족하다. 다름 아닌 작가의 변명이란 명분의 그릇에 담긴 이 고백 때문이다. "내가 쓴 수필이나 시를 읽고, 읽은 사람이 부르는 대로 수필가도 되고 시인도 될 생각입니다." "앞으로도 시가 쓰고 싶을 때는 시를 쓸 생각입니다. 그렇지만 외람되게 시인으로 나서지는 않을 것입니다. 다만 시를 동무처럼 사랑하고 아끼며 살아갈 생각입니다"

필자는 감히 한명희 선생님을 자신 있게 말씀드릴 수 있다. 선생님은 분명 가장 순수한 일상과 삶을 길어 올리신 천생 시인이시다. 철학과 사상의 변이와 무차별적 기교주의 여물통에서 보석으로서의 시를 건져 올리시는 천생 시인이시다. 선생님! 건강하시고 평안한 영혼의 소유자 되셔서 좋은 작품 많이 써 주시기를 간절히 부탁드립니다. 선생님과 많은 그리고 깊은 시간을 나눌 수 있게 되어서 행복했습니다. 그리고 감사합니다.